AF388808

NOUVELLE MÉTHODE

D'ENSEIGNER A LIRE,

TRÈS-SIMPLE ET TRÈS-FACILE,

Au moyen de laquelle les Enfans font des progrès incomparablement plus rapides & plus assurés, qu'ils n'en pourroient faire en suivant toute autre Méthode.

A PARIS,

Chez L'AUTEUR, rue Neuve-Saint-Augustin.

M. DCC. LXXII.

ALPHABET.

ARTE FUGATUR INSCITIA.

Lettres majuscules.

A B C D E F G H I J
K L M N O P Q R S T
U V X Y Z
ET

Lettres minuscules.

a b c d é f g h i j k l m
n o p q r ſ s t u v x y z
&

Les cinq Voyelles.

A E I O U
a e é è i o u
y

Voyelles longues.

â ê î ô û
Æ æ Œ œ
ée ie ue

Les dix-neuf Consonnes.

b c d f g h j k l m
n p q r ſ s t v x z

Voyelles ſuivies de Conſonnes.

ab	eb	ib	ob	ub
ac	ec	ic	oc	uc
ad	ef	if	..	..
ag	eg	ig	og	ug
..	ek	ik	ok	..
al	el	*il	ol	ul
ap	ep	ip	op	up
ar	er	ir	or	ur
aſ	eſ	iſ	of	uſ
	ex	eph		
ath	eth	ith	oth	uth

Voyelles ſuiv. de deux Conſonnes.

act arc erf itz ork urc

Voyelles ſuivies d'm & n naſales.

am	em	im	om	um
an	*en	in	on	un
	(éen	ien)		

Voyelles ſuivies d'm & n naſales & de Conſonnes.

emp omp : inc onc
anſ inſ onſ

Voyelles compoſées.

ea ai ai (ay) ei oi (oi oy)
au eau eo eu eu ou
aie *oie *eue oue

Voyelles comp. ſuiv. d'm & n naſ.

aim eims
ean ain ein eon eun

Voyelles comp. ſuiv. de Conſ. & de l'L mouillée.

air euf eul eur our ourg
(lie)
ail eil œil euil ueil ouil
(oin : oif oil oir)

Conſonnes ſimp. dev. les Voyelles.

ha	hé	hi	ho	hu
ba	ca	da	fa	ga	gua
ja	ka	la	ma	na	pa
qua	ra	ſa	ta	va	xa
		za			
ce	cé	ci	co	cu
ge	gé	gi	go	gu
gue	gué	gui	guo	guë
que	qué	qui	quo	qu'u

Conſonnes doub. dev. les Voyelles.

bla bra cha cla cra dra
fla fra gla gma gna gra
pha phra pla pra pſa tra
vra
che ché chi cho chu
gne gné gni gno gnu
ſca ſcé ſcè ſci ſco ſcu
ſchi ſcri
ſpa ſpla ſpra ſta ſtra
ſphè ſque

Syllabes finales.

es ent : er ez : eh et ets eſt
ect egs ept
ces des les mes ſes tes

Chiffres arabes.

1 2 3 4 5 6 7 8 9 0

Chiffres romains.

I. V. X. L. C. D. M.
IV. IX. XL. XC.

(. , ç l' ? ! * » « -)
[§ ¶ † ☞ ⅌ ℞ Nᵒ Nª]

A MONSIEUR

DE LUKER,

PRÊTRE,

CONSEILLER AU PARLEMENT

EN LA GRAND'CHAMBRE,

Chantre & Chanoine de l'Eglise Métropolitaine de Paris, Collateur, Juge & Directeur des petites Écoles de la Ville, Cité, Université, Fauxbourgs & Banlieuë de Paris.

Omne tulit punctum, qui miscuit utile dulci. Hor.

MONSIEUR,

CONNOISSANT combien vous vous intéressez à l'avancement des enfans qui sont enseignés sous votre autorité, & étant chargé en partie de leur instruction sous votre sage direction, j'ai cru devoir vous exposer ma Méthode d'enseigner à lire, & vous en exprimer succintement les qualités & les avantages.

L'heureuse découverte que j'en ai faite, Monsieur, est le juste fruit de mes recherches & de ma longue expérience dans cet Art : & l'épreuve que j'en fais depuis dix ans sur toutes sortes de Sujets, m'assure de plus

A ij

É P I T R E.

en plus de sa supériorité sur celles qui ont paru jusqu'à présent. J'ai sçu, en applaniſſant les difficultés dont cette matiére étoit hériſſée, joindre l'utile à l'agréable.

Ma Méthode est simple, commode & singuliérement à la portée des enfans : elle peut très-bien auſſi s'appliquer à toutes les Langues. Par son moyen, Monſieur, mes Éléves apprennent avec une facilité tout-à-fait extraordinaire ; & beaucoup de jeunes gens & autres perſonnes avancées en âge, qui n'avoient pu apprendre par l'ancienne maniére d'enſeigner à lire, avec le ſecours de ma Méthode, ont appris très-heureuſement & en très-peu de temps.

Quoique bien aſſuré, Monſieur, par de continuels & ſurprenans ſuccès, de ſon efficacité, je n'aurois cependant jamais entrepris de l'écrire, ſi pluſieurs perſonnes diſtinguées par la naiſſance, le rang & les talens, ſurpriſes de la prodigieuſe rapidité des progrès de leurs enfans que j'ai inſtruits ſous leurs yeux, ne m'euſſent déterminé à le faire. Je l'ai enfin écrite, Monſieur, & d'autant plus volontiers, qu'approchant du terme de ma vie, je deſirois laiſſer aux enfans ce précieux gage de mon affection pour eux.

Dans cette conſidération, j'oſe vous ſupplier, Monſieur, par le ſaint zéle qui vous anime pour l'éducation de la Jeuneſſe, d'agréer mon Ouvrage & d'y avoir tel égard qu'il vous ſemblera mériter.

Je ſuis, avec un très-profond reſpect,

MONSIEUR,

Votre très - humble & très-
obéiſſant Serviteur,

B A J O L E T,

Maître-ès-Arts, d'Ecole & de Penſion.

NOUVELLE

MÉTHODE

D'ENSEIGNER A LIRE,

TRÈS-SIMPLE ET TRÈS-FACILE.

Tolle & lege.

Alphabet, signifie *Principes de lecture.*

Il y a vingt-quatre lettres dans l'Alphabet, dont cinq se nomment voyelles, y compris, & dix-neuf se nomment consonnes.

Les cinq voyelles.

Elles sont appellées voyelles, parce que seules, elles forment un son ou une voix.. *A E I O U.*

Accent aigu (´), grave (`` ` ``), circonflexe (^), l'e muet *e*, l'é fermé *é*, l'è ouvert *è*.. *a e é è i o u*.. y exprime ordinairement deux *ii*.

Voyelles longues.

Elles sont appellées longues, parce qu'on en prolonge un peu le son.. *â ê î ô û.*

Quand deux voyelles sont liées ensemble, on n'en prononce que la deuxiéme un peu longuement.. *Æ æ, Œ œ.*

A iij

On prolonge aussi un peu le son des voyelles suivies de l'*e* muet.. *ée ie ue.*

Les dix-neuf consonnes.

Elles sont appellées consonnes, parce qu'elles ne peuvent se prononcer sans faire entendre le son de quelque voyelle.. Exemple.. *b c d* font entendre avec le son qui leur est propre, celui de l'*é* fermé *é* qui n'est pas écrit....

Voyelles suivies de consonnes.

a è i o u : Les consonnes après les voyelles, se prononcent avec le son de l'*e* muet *e* qui aussi n'est pas écrit : *b* après les voyelles, s'appelle *be..* *ab eb ib ob ub* : *c* s'appelle *ke* .. *ac ec ic oc uc*, &c.

Voyelles suivies de deux consonnes.

on pourra; beaucoup plus utilement qu'élégamment.. et dans les premiers jours seulement, en épeller nuement la deuxieme.. er.. te-att ke-arc &c

*Voyelles suivies d'*m & n *nasales.*

a e i o u : *m & n* après les voyelles, sont ou nasales ou vocales : quand elles sont vocales, *m* s'appelle *me*, *n* s'appelle *ne* : quand elles sont nasales, elles se prononcent un peu du nez avec la voyelle qui est devant.. *am an* | *e* devant *m* & *n*, prend le son de l'*a*.. *em* **en* | *m* nasale n'a que le son de l'*n* aussi nasale.. *im in*, &c.

**en* se prononce *èn* dans ces deux syllabes.. *é-en, i-en.*

Elles ne doivent toutes être ici prononcées que nasalement.

Voyelles *suiv.* d'm & n *naf.* & de confonnes.

L'inftruction fur la leçon des voyelles fuivies de deux confonnes, eft la même pour cette leçon.

Voyelles compofées.

Ce font plufieurs voyelles qui enfemble ne rendent qu'un fon femblable à celui de quelqu'une des voyelles fimples *a é è o u.*

Quand plufieurs voyelles de fuite fe prononcent à part l'une de l'autre, elles font appellées diphtongues :

$$a \quad é \quad è \quad è \quad è \quad è \quad o\text{-}è \quad o\text{-}è \quad o \quad o \quad o \quad u$$

ea ai ai (ay) ei oi (*oi oy) au eau eo eu.

* Au moyen de la divifion des fons de cette fyllabe, & de la converfion de l'*i* en *è* ouvert, les enfans la prononceront à propos, ou comme voyelle compofée *è*, ou comme diphtongue *oè.*

eu , *ou* , rendent un fon particulier & différent de celui des voyelles, & fe prononcent comme dans *jeu* & dans *joug.*

On prolonge un peu le fon des voyelles compofées fuivies de l'*e* muet... *aie* **oie* **eue* *oue.*

La premiére fe prononce comme dans *plaie* ; la feconde, comme dans *monnoie* & *joie* ; la troifiéme , comme dans *vuë* & *queuë* ; la quatriéme , comme dans *jouë.*

Voyelles compofées *suiv.* d'm & n *nafales.*

les enfans liront cette leçon a la premiere infpection, fi on leur apprend que la deuxieme voyelle s'y fait feule entendre avec m et n nafales.

Voyelles compofées *suiv.* de confonnes.

On pourra d'abord faire produire ~~de faire~~ le fon des voyelles compofées *ai, eu, ou,* & on fera enfuite lire la leçon. *air* | *eur, &c.* | *gue, ourg.*

(8)

L mouillée s'appelle *lie*; l'*i* qui est devant *l* se prononce après, avec le son de l'*e* muet *e*..*i-e*-lie :

a-lie | è-lie | œ-lie | eu-lie | *u-e-lie | ou-lie.

* La voyelle *u* ne sert qu'à donner le son rude au *c* & au *g*
qui précédent toujours, l'un ou l'autre, cette syllabe : on
pourra quelquefois les faire prononcer toutes, comme elles
sont écrites ci-dessus, afin d'apprendre aux enfans à bien
produire le son de l'*l* mouillée.

oin, oif, &c... épellez..o-èn, o-èf, &c. & pronon-
cez ensuite ces syllabes d'une seule émission de la voix.

Consonnes simples devant les voyelles.

L'*h* est ou muette ou aspirée ; quand elle est
muette, elle n'ajoûte rien à la prononciation des
voyelles.. *ha hé hi ho hu* : quand elle est aspirée,
elle se prononce un peu du gosier avec la voyelle
qui suit.. *ha hé hi ho hu.*

D. *Qu'est il important de remarquer touchant
les consonnes devant les voyelles ?*

R. Les consonnes perdent la dénomination
qu'elles ont dans l'Alphabet, pour prendre le son
des voyelles dont elles sont suivies.

La leçon étant épellée, on reprendra les syllabes *ca,
ga, gua, qua*, que l'on épellera comme il suit ; & préa-
lablement on apprendra aux enfans, que *c* & *g* ont le son
rude devant *a o u*, & le son doux devant *e é i*.

c-a-ca | e-ce | é-cé | i-ci | o-co | u-cu.

g-a-ga | e-ge | é-gé | i-gi | o-go | u-gu.

g-u-a-gua | u-e-gue | u-é-gué | u-i-gui, &c.

Consonnes doubles devant les voyelles.

Cette leçon étant aussi épellée, on reprendra les syllabes
cha & *gna*, que l'on épellera comme il suit :

c-h-a-cha | e-che | é-ché | i-chi | o-cho | u-chu.

Et dans les mots qui viennent du Grec :

c-h-a-ka | e-ke | é-ké | i-ki | o-ko | u-ku, &c.

Quand les enfans seront en état de lire en latin, on leur

apprendra la prononciation de *gua*, *qua*, *cha* & *gna*, en cette Langue.

Il importe de leur apprendre à faire un fiflement fur l'*f* dans les fyllabes fuivantes, que l'on épellera comme il fuit.. *c-a-fca* | *é-fcé*, &c] *c-h-i-fchi* | *c-r-i-fcri* | *fp-a-fpa* | *fp-l-a-fpla*, &c.

Il fuffit qu'ils ayent appris à prononcer les confonnes avec une des cinq voyelles, pour qu'ils puiffent aifément, felon cette Méthode, les prononcer avec toutes les voyelles tant fimples que compofées, & même étant fuivies de plufieurs confonnes.

Syllabes finales.

La fyllabe eft un fon exprimé par une ou plufieurs lettres, pour en former un mot, ou la partie d'un mot.

Le mot eft une parole proférée ou écrite.

Les mots qui ne font que d'une ou de plufieurs lettres, font appellés monofyllabes, c'eft-à-dire, mots d'une fyllabe.

Beaucoup de mots fe terminent par une ou plufieurs lettres qui ne fe prononcent pas ; ces lettres font appellées muettes, & ne font que d'orthographe.

L'orthographe eft le choix exact qu'on a fait des lettres pour en former les mots.

On prononce l'*e* muet dans les deux premiéres fyllabes ; l'*é* fermé dans les deux fuivantes ; & l'*è* ouvert dans le furplus de la leçon.

Epellation des fix monofyllabes.

ès-ces | *ès-des* | *ès-les* | *ès-mes* | *ès-fes* | *ès-tes*.

Introduction à l'épellation.

D. *Comment connoît-on les fyllabes d'un mot qui en a plufieurs ?*

R. S'il y a deux[†] confonnes, la premiére fe prononce avec la voyelle qui eft devant, & la

[†] il est de l'attention du ministre, d'avertir son disciple ; de la rencontre de deux consonnes entre deux voyelles

feconde avec la fuivante..Ex...*per-cep-tion*, &c.

S'il n'y a qu'une confonne, elle fe prononce avec la voyelle qui fuit..Ex...*do·ci·li-té*, &c. excepté dans les mots compofés...Ex...*fub-ordonné*, &c.

Les confonnes doubles fe prononcent indivifi-blement avec la voyelle qui fuit..Ex...*ta-ble*, *ar-bre*, &c. excepté auffi dans les mots com-pofés..Ex...*ob-long*, &c.

Les lettres doubles, telles font deux *bb*, deux *ff*, &c. fe prononcent ordinairement comme n'en étant qu'une avec la voyelle qui fuit; & la voyelle qui précéde les lettres doubles, fe prononce briéve-ment..Ex...*A-bbé*, *a-ffable*, &c.

On prononce l'*e* bref & peu ouvert, devant une confonne dans une même fyllabe..Ex... *perte*, &c. devant une confonne fuivie de l'*e* muet..Ex...*frere*, &c. & devant les lettres doubles..Ex...*regretté*, &c.

D. Comment faut-il épeller ?

R. Il faut d'abord ne prononcer que les voyel-les, & auffi-tôt en faire prendre le fon aux con-fonnes qui précédent.

<hr>

Sujet de l'épellation.

L'homme, aveuglément attaché à fon préjugé, court fouvent rifque de fe tromper.

o – l'*ò* – *e* - me | l'homme | a - *eu* – veu – *é* – glé-*en*-men | aveuglémen | *a*-ta-*a*-ta-*é*-ché | aveuglé-men-tattaché | à | *on*-fon | *é*-pré-*u* ju-*é*-gé | à fon préjugé | *our*-court | *ou*-fou-*en*-vent | court fou-vent | *if*-rif-*u*-*e*-que | rifque | *e*-de | *e*-fe | de-fe | *om*-trom-*er*-per | de-fe tromper.

Cette agréable maniére d'épeller a pris naif-

+ il eſt néceſſaire, pour ... empêcher que l'épellation ..foit languiſſante, d'avertir les enfans des opérations qu'ils auront à faire, en leur citant le titre de la leçon qui renferme le ſon qu'ils devront produire.

(11)

-sance de la maniére même dont nous lisons : alors, * abstraction faite des consonnes qui ouvrent les syllabes, nous nous occupons du son que chacune d'elles renferment , & nous ne l'articulons, & ne pouvons ** l'articuler qu'après en avoir pris une connoissance exacte. Or, étant évidemment certain que la science de la lecture gît essentiellement dans la connoissance distincte des sons, & les consonnes qui les devancent n'en étant que l'articulation , il faut nécessairement, pour y introduire les enfans de la maniére la plus parfaite, ne leur faire d'abord prononcer que les voyelles , & ils en feront ensuite ☜ d'eux – mêmes , & avec une surprenante facilité , prendre le son aux consonnes qui précédent , sans les nommer : ☞ leurs opérations étant absolument les mêmes que celles que nous faisons en lisant, il est encore très – certain que le succès en sera toujours très – heureux ; (Lecteur , fais – en l'épreuve). S'il arrive qu'un enfant devant lire le mot *fleur* (ou autre mot quelconque) ne puisse d'abord en produire le son composé, on le lui montrera dans le Syllabaire ; s'il ne peut ensuite l'articuler, on lui montrera la syllabe *fla*, alors on l'induira à épeller *a-fla*, puis lui faisant reproduire le son *eur* , très – sûrement il prononcera *fleur* : & si toutefois , avant de le faire lire , on a soin de lui rebattre une ou plusieurs leçons de - l'Alphabet , il fera des

---

* *C'est-à-dire , détachement fait par l'esprit , des consonnes qui précédent les voyelles.*

** *Articuler le son des voyelles , c'est produire , par une seule émission de la voix , le son des consonnes avec celui des voyelles.*

* progrès incomparablement plus rapides & plus
assurés qu'il n'en pourroit faire par toute autre
Méthode, & notamment en suivant la rampante
& méprisable ** routine, ou ancienne maniére
d'enseigner à lire.

> *** *L'ignorance jadis lui donna la naissance,*
> *L'ignorant seul dès-lors aima son existence.*

Cette épellation est utile, en ce qu'elle est,
avec le secours de l'Alphabet, ☞ le premier
& le plus puissant moyen pour écrire substantiel-
lement toutes syllabes. Si l'on dicte à un enfant
ces mots, *nous mangeons* ; d'abord il produira
le son *ou*, & ☞ de lui-même il écrira *nous* ;
(Lecteur, fais-en aussi l'épreuve). Si pourtant il ne
peut écrire le mot, on lui montrera la syllabe
na, & la voyelle composée *ou* ; alors il épellera
a-na, & reproduisant ensuite le son *ou*, très-cer-
tainement il écrira . . nou, *an*-man-*on*-gon : le
Maître appercevant la faute intrinséque de la der-
niére syllabe, il apprendra à son disciple qu'elle
doit s'écrire avec la voyelle composée, & lui en dé-
duisant la raison, il lui montrera la syllabe écrite ;

** Si quelques enfans ne font que de médiocres progrès
selon cette Méthode, on doit en inférer qu'ils n'auroient pu
apprendre par l'absurde maniére d'enseigner des Maîtres.*

*** Les enfans qui ont le bonheur d'apprendre en la
suivant, doivent moins leurs succès au charitable zéle de
leurs guides, qu'aux heureuses dispositions qu'ils apportent
à cette étude.*

**** C'est elle aussi qui a induit les partisans de la routine
à faire, par une sorte de désespoir, le choix du Latin pour
commencer les enfans ; mais elle n'a pu leur faire prévoir
que la plûpart des sons dans cette Langue, étant absolument
étrangers à la nôtre, ne sont propres qu'à exciter dans le
cœur de leurs Eléves le dégoût & le découragement.*

aussi-tôt l'enfant se corrigera & écrira *geon*, &c.
On peut aussi en faire épeller les consonnes... *écrioit*
Ex... *n-ou*-nous, *m-an*-man-*g-eon*-geons, &c.
Partant, il est à présent vrai de dire que la
science de la lecture, & en bonne partie celle de
l'orthographe, sont portées à leur plus haut degré
de facilité, & qu'on ne peut rejetter cette Méthode que par un entêtement déplorable & très-
préjudiciable aux enfans.

Suite des régles particuliéres à cette épellation.

e devant *mm* double & devant *mn* se conver-
tit en *a* ... Ex... *femme*, *solemnel*..épellez..
a-fa-e-me, *o-so-a-la-el*-nel, &c. *mn* sont con-
sidérées dans ce mot & dans ceux qui en sont
formés, comme lettre double.

ll double est ordinairement mouillée, quand
elle est précédée d'un *i*, lequel se prononce toujours après...Ex...*orgueilleux*..épellez...
or-*u-e*-gue-*i-eu*-lieux, &c.

Quand l'*i* forme le son de la syllabe qui précéde
ll double, il se prononce encore après..Ex...
fille..épellez..*i-fi-i-e*-lie, &c.

Quand *ll* double est suivie d'un *i*, alors on en
prononce deux après *ll*...Ex...*rejaillir*...
épellez..*e-re-a-ja-i-ir*-l'ir, &c.

éternellement — *i* devant *gn* se prononce ~~toujours~~ après, quand
il est précédé d'un *o*..Ex...*coignée*..épel-
lez..*o-co-i-ée*-gniée, &c.

oi..Cette syllabe est toujours diphtongue dans
les monosyllabes & dans la premiére syllabe de
tous autres mots, excepté dans *foible* & ses
dérivés..Ex...*croix*, *croiser*..épellez..
o-è-croix, &c.

&..Cette figure tient lieu d'un *e* & d'un *t*; elle

fert à joindre plufieurs mots enfemble, & auffi plufieurs parties d'une phrafe.

La phrafe eft une fuite de plufieurs mots qui enfemble renferment un fens fini : quand la phrafe eft longue, la virgule (,), le point & la virgule (;), les deux points (:), &c. en indiquent les parties, & le point (.) en marque la fin.

On apprendra auffi aux enfans, à la rencontre de ces mots, *immonde*, *inné*, *calomnie*, *Jérufalem*, *honte*, *Euchariftie*, *péril*, & autres femblables, que l'*m* & l'*n* font vocales dans la première fyllabe des deux premiers mots, & l'*m* au milieu & à la fin du troifiéme & quatriéme ; que l'*h* eft afpirée dans le cinquiéme ; que le pénultiéme vient du Grec, & que l'*l* eft mouillée dans le dernier : on pourra enfin, lorfqu'ils auront acquis une certaine habitude de l'épellation, leur faire épeller de fuite, & même fans répétition de mots, une ou plufieurs parties de phrafe, qu'on leur fera enfuite lire tout d'une traite.

D. *Qu'eft - ce que lire ?*

R. C'eft articuler fucceffivement le fon des voyelles renfermées dans chaque fyllabe.

Régles particuliéres pour lire en latin.

Toutes les lettres s'y prononcent, à l'exception du *c*, felon le génie de notre Langue, dans les mots *fanctus* & *auctor*, & leurs dérivés.

La voyelle *u* devant *m* & *n*, dans une même fyllabe, prend le fon de l'*o*, excepté dans ces mots, *hunc*, *nunc*, *tunc*, *cunctus*, & fes dérivés..Ex...*mundum*, &c.

m & *n* font vocales étant fuivies de mêmes lettres dans une autre fyllabe..Ex...*immenfus*, *innixus*, &c.

m & *n* font auffi vocales dans les mots compofés & à la fin de tous mots..Ex...*circumdo*, *inhabito*, *Abraham*, *Aaron*, &c,

m eft encore vocale étant fuivie d'une *n* dans

une autre syllabe .. Ex... *solemnis*, &c. & suivie d'une ſ dans une même syllabe .. Ex... *hiems*, &c.

Les voyelles suivies d'*m* ou *n* naſales & d'une conſonne .. Ex. . . *ump* dans *ſumptus*, & *ent* dans *legent* ; ou ſuivies de deux conſonnes ... Ex. . . *ult* dans *vult*, doivent être prononcées avec ces lettres, d'une ſeule émiſſion de la voix.

Urbs, *ſtirps* .. épellez .. *urb*, & faites un ſifflement ſur l'ſ .. *urbs*, *&c.*

Le ſurplus des régles néceſſaires pour lire correctement en françois & en latin, ſont les mêmes ſuivant toutes Méthodes, ſi toutefois on en excepte l'ignorante routine qui n'en connoît aucune : la plus conſidérable partie des enfans qui la ſuivent depuis longues années, ne ſçavent pas ſeulement ſi, dans la lecture, il y a des voyelles & des conſonnes. . . . .

CONCLUSION.

Il ſeroit à ſouhaiter que cette Méthode fût univerſellement ſuivie ; on opéreroit, par ſon moyen, les plus grands progrès dans l'enſeignement à l'égard de toutes ſortes de Sujets : Elle eſt telle que ſon * Auteur deſireroit bien véritablement n'être chargé d'inſtruire que ceux d'entr'eux qui ont le moins d'intelligence. Puiſſet-elle déciller les yeux aux Maîtres, & puiſſentils, en l'adoptant, commencer à rendre de véritables & importans ſervices au Public ! Les légions des infortunées victimes du barbare &

---

* *Il inſtruit depuis un an un* † *enfant imbécille. âgé* ~~d'onze~~ de 9 ~~ans~~ ans et dem[i], *& jugé incapable de jamais apprendre, lequel cependant commence à lire, & il lira dans ſix mois (Dieu aidant) à livre ouvert : l'Auteur a néanmoins ſi heureuſement enſeigné pluſieurs enfans à lire en françois & en latin, que leurs parens ont cru, au bout du quatriéme mois, n'avoir abſolument plus beſoin de ſes ſervices.*

† il avoît déja eu quatre maitres qui l'ont rendu successivement à ses parens, ne connoissant pas les lettres.

révoltant, pernicieux & détestable usage dans lequel ils sont d'enseigner, demandent par leurs gémissemens continuels sur leur ignorance, qu'il soit changé en un meilleur. Puissent enfin les parens qui se chargent de l'instruction de leurs enfans, les faire jouir des avantages de cette Méthode ! Ils ne trouveront eux-mêmes désormais que de l'agrément & du plaisir à les instruire, & bien-tôt ils auront la satisfaction de les entendre lire.

Chifres Arabes.

Lisez .. Chifres Indiens que les Arabes ont apportés en Europe.

Chifres Romains.

I vaut *un*, V vaut *cinq*, X vaut *dix*, L vaut *cinquante*, C vaut *cent*, D vaut *cinq cens*, M vaut *mille*.

I devant le V & devant l'X, leur ôte à chacun un point de valeur; V ne vaut plus que *quatre*, X ne vaut plus que *neuf*, & l'I ne se compte pas.

X devant L & devant le C, leur ôte à chacun dix points de valeur; L ne vaut plus que *quarante*, C ne vaut plus que *quatre-vingt-dix*, & l'X ne se compte pas.

APPROBATION.

J'Ai lû la présente Méthode par ordre de Monseigneur le Chancelier, & je lui ai donné mon approbation. A Paris, ce 27 Septembre 1772.

GENET, Censeur Royal.